PROJET D'ASSURANCES

POUR LES RÉCOLTES

EN GRAINS ET VINS,

CONTRE LES RAVAGES DE LA GRÊLE,

Par Pierre-Bernard Barrau, de Toulouse, propriétaire dans la commune de Tournefeuille.

« *Omnium rerum ex quibus aliquid exquiritur,*
» *nihil est agricultura melius, nihil uberius, nihil*
» *homine libero dignius* ».

« De tout ce qui peut être entrepris ou recherché,
» rien au monde n'est meilleur, plus utile, plus doux,
» enfin digne d'un homme libre, que l'agriculture ».

CICERON.

A TOULOUSE,

De l'Imprimerie de Benichet frères, rue de la Pomme,
3e. Section, No. 142.

Se vend Chez les Marchands de Nouveautés;
Et se trouve chez l'Auteur, rue des Pénitens-Noirs, no. 391.

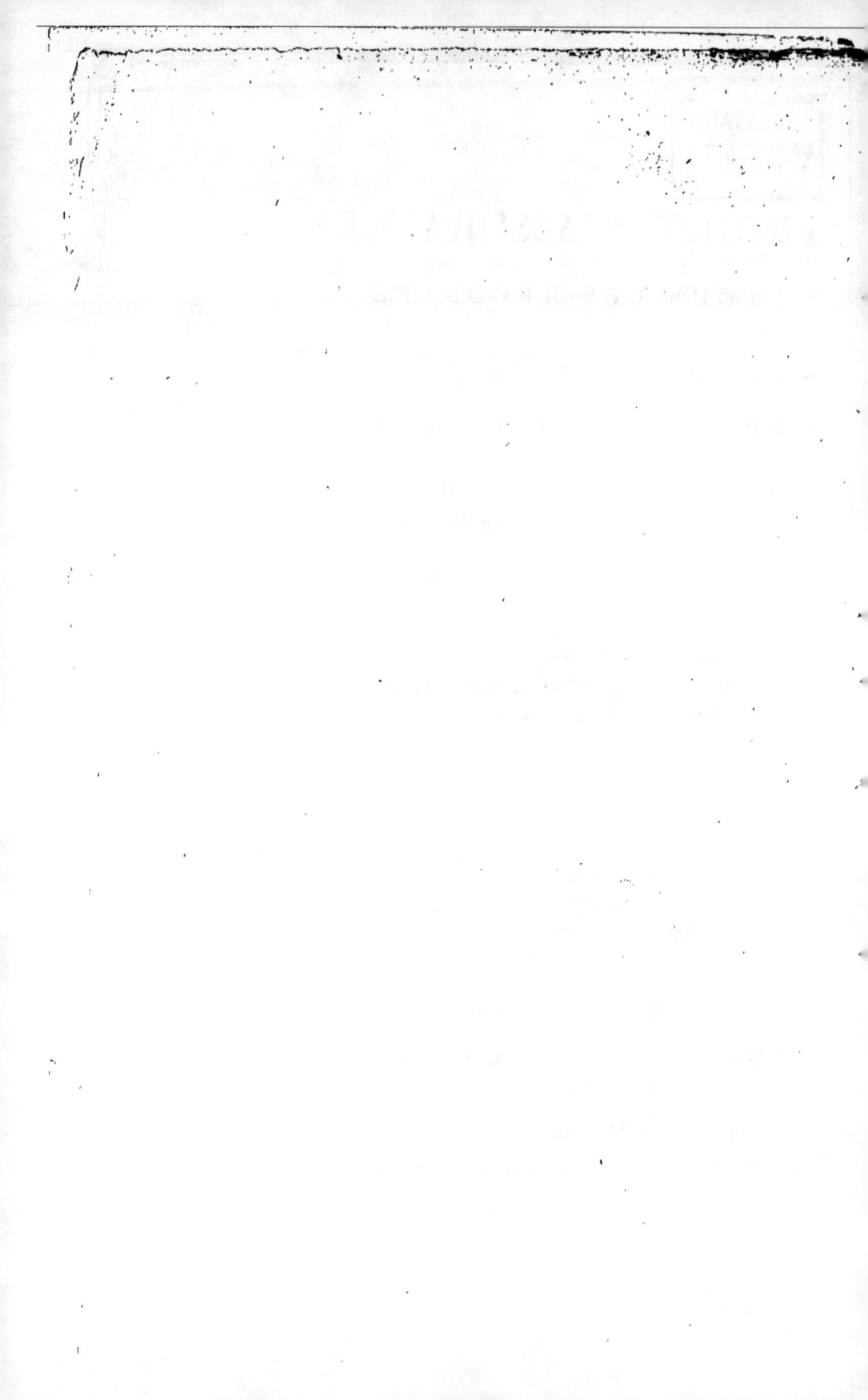

AVERTISSEMENT.

Cet Ouvrage devait paraître au commencement du mois de floréal ; des circonstances dont il serait superflu de rendre compte , m'ont empêché de le publier à cette époque ; ce retard lui fera perdre peut-être quelque chose de son utilité pour la présente année sous le rapport des grains dont la récolte va se faire dans peu , mais il n'en sera pas de même quant aux vignes, qui resteront exposées encore pendant environ 5 mois aux ravages de la grêle.

Si les lecteurs y trouvent des défauts de style et des répétitions trop nombreuses , qu'ils considèrent que l'intention qui m'animait en écrivant n'avait pour objet principal que de concourir au bonheur de ceux pour qui je l'ai entrepris.

Toulouse , le 3 Prairial , an 9 de la République.

LE PRÉFET du département de la Haute-Garonne , au C·en BARRAU, propriétaire , rue des ci-devant Pénitens-Noirs , à Toulouse.

———

J'AI lu avec beaucoup d'intérêt , Citoyen , votre Ouvrage ayant pour objet de proposer une association de propriétaires qui feraient annuellement un fonds pour venir au secours de ceux dont les récoltes auraient été ravagées par les effets de la grêle. Je transmettrai à la Société d'Agriculture cette intéressante production. Je suis persuadé qu'elle y sera accueillie avec autant de satisfaction que de reconnaissance pour son Auteur. C'est en se livrant à des occupations aussi utiles que l'on rend de vrais services à ses Concitoyens.

Je vous salue ,

Signé , J. E. RICHARD.

PROJET D'ASSURANCES

POUR LES RÉCOLTES

EN GRAINS ET VINS,

CONTRE LES RAVAGES DE LA GRÊLE.

L'AGRICULTURE est le premier, le plus utile, le plus étendu, le plus essentiel des arts ; elle est le fondement de tous les autres et le pivot sans lequel ils ne sauraient rouler. Les grands hommes en ont fait leurs délices ; elle fut dans tous les temps et dans tous les pays l'objet de la sollicitude des législateurs, et les peuples chez lesquels elle fut le plus en vigueur et en considération furent, non-seulement les plus heureux, mais encore les plus puissans et les plus respectés. Les savans les plus distingués, les philosophes les plus éclairés, anciens et modernes, ont vanté ses agrémens et ses charmes, et célébré le sort de l'homme des champs.

En effet, quelle existence plus douce, plus agréable que celle d'un cultivateur au milieu de son domaine ! C'est pour lui que la nature étale sa beauté et prodigue ses trésors ; il jouit de ses dons au sein de la paix , et les jouissances multipliées qu'il se procure , bien loin de lui laisser des regrets ou d'engendrer des remords , sont pures comme la main bienfaisante du Créateur qui les répand autour de lui.

J'ai apprécié aussi bien que tout autre les avantages que je viens de tracer rapidement; mais parmi les sensations délicieuses que je savourais , une réflexion pénible venait me tourmenter et me tourmente encore. Comment , me suis-je dit , comment l'agriculture , la source de toutes les richesses et de la prospérité des nations , peut-elle devenir pour celui qui s'y attache avec le plus d'application et qui en attend toutes ses ressources , un sujet d'alarmes presque continuelles et la cause des chagrins les plus cuisans? Comment le cultivateur se trouve-t-il si souvent frustré dans ses espérances et réduit au point d'exciter la pitié des autres classes de citoyens? Un mot suffira pour donner la raison de ces désastres et la mesure de leurs résultats. La grêle , ce fléau destructeur attaché plus particulièrement aux contrées méridionales de la France , qui dévaste en un instant les plus brillans héritages , enlève au propriétaire le fruit de ses avances , le prive de son revenu , et le met dans l'impossibilité de recommencer des travaux, sans lesquels les plus belles propriétés ne peuvent être regardées que comme un véritable fardeau.

Une foule de circonstances , il est vrai , se réunissent aussi contre les autres conditions de la société. Le commerce , les manufactures ont leurs revers , les navigateurs craignent les naufrages , les artisans sont quelquefois dans l'impuissance d'exercer leurs talens et leur industrie.

Eh bien , tous ces hommes sont moins à plaindre dans les crises inséparables de leur état que l'agriculteur lui-même. Moyennant de la prévoyance , des soins , de l'ordre , les négocians évitent ou réparent bientôt les effets d'une opération funeste ; l'armateur repose en paix lorsqu'il a fait assurer ses vaisseaux et ses cargaisons. Pour le cultivateur au contraire , point de repos lorsqu'arrive la saison des orages , sa vie est une inquiétude continuelle , ses plaisirs sont empoisonnés par la crainte. Au moindre nuage qui plane sur sa tête , il se dit en contemplant ses moissons : hélas , vais-je les perdre sans retour ! Cette idée le poursuit sans cesse , et son existence qui devrait être la moins agitée devient la plus insupportable.

D'ailleurs s'il est vrai , comme on le dit , que quand une fois la grêle est tombée sur un champ elle y retombera l'année suivante ou bientôt après ; indépendamment du dommage réel et irréparable , quelle triste perspective pour celui qui en a été la victime ! Le découragement suit le ravage , les champs sont négligés , et la terre neutralisée en quelque sorte par le principe aqueux et frigorifique du météore, languit et opère plus lentement le travail de la végétation.

C'est vous que j'en atteste habitans des cantons de Muret, Montgiscard , etc. , etc. Que répondrez-vous si l'on vous interroge ? Vous direz que vos biens vous sont onéreux, et que si vous ne vous en défaites pas , c'est parce que nul acquéreur ne se présente pour vous débarrasser de vos champs malheureux.

A quoi tend , me dira-t-on , ce tableau désolant ? Est-il quelque moyen de se préserver de la grêle ? Quel bras assez puissant

arrêtera dans les airs ce météore terrible prêt
à se précipiter sur les plus riches moissons?
Qu'elle est la force humaine qui en déli-
vrera la terre? Il n'est que trop vrai qu'il
est impossible de s'y soustraire. Mais em-
pêcher que ses effets et ses suites soient
aussi désastreux pour celui qui en est at-
teint; c'est à quoi l'on peut parvenir, et c'est
le but que je me propose.

Je vais exposer le plan que j'ai conçu et
le soumettre à mes concitoyens, aux habitans du département de la Haute-Garonne;
ils jugeront de son mérite. S'ils l'approuvent
et l'adoptent, les contrées voisines imiteront
bientôt leur exemple. C'est alors que véri-
tablement la profession la plus utile sera
aussi la moins précaire et la plus agréable ; alors je m'estimerai heureux d'avoir
éveillé les agriculteurs sur leurs intéréts,
et d'avoir encore une fois été utile à mon
pays.

Tout le monde connaît le systéme des
assurances telles qu'elles ont lieu dans les
ports de mer, principalement chez ces fiers
insulaires trop voisins de la France et ses
éternels rivaux.

En Angleterre tout s'assure, jusqu'à la

vie de l'homme. Celui qui s'embarquant sur un vaisseau emporte avec lui l'espoir de sa famille, assigne à son existence une valeur proportionnée à l'utilité dont elle est pour son épouse et ses enfans. Rassuré par la certitude que même sa mort ne peut les plonger dans la misère, il affronte plus intrépidement les périls d'une longue navigation.

C'est ce système des assurances que je voudrais adapter à l'agriculture avec les modifications convenables.

Il ne faut pas se figurer que j'aie en vue une société ou compagnie d'assureurs telles qu'elles existent pour le commerce, dont les membres étrangers à l'agriculture feraient de leur entreprise un objet de spéculation. Un pareil établissement réunirait difficilement les conditions nécessaires pour obtenir la confiance des propriétaires ; et quand il y parviendrait, ces conditions ne manqueraient pas de leur devenir onéreuses. J'entends que les cultivateurs soient eux-mêmes les assureurs et les assurés, et que de cette manière ils évitent de recourir aux négocians, gens d'affaires, ou spéculateurs dont les principes coïncident généralement fort peu avec ceux de la classe désintéressée des agriculteurs (1).

Je pourrais avancer que le motif qui m'a fait entreprendre cet ouvrage m'est aussi peu personnel qu'il peut l'être à tout autre. Mes propriétés sont situées dans une contrée que la grêle respecte depuis plus de 20 ans ; mais comme mon intérêt est lié avec celui de tous les propriétaires , je profiterai peut-être tôt ou tard des avantages que j'aurai procuré à la classe dont je me trouve faire partie. On appellera cet établissement tontine , société, compagnie ou banque ; n'importe le nom , pourvu qu'il soit utile (2).

_____

(1) Si je parais redouter une compagnie de négocians qui se chargeraient de l'assurance, ce n'est pas que je n'en connaisse qui par leur probité et leur solvabilité bien établies mériteraient la confiance des propriétaires ; point de règle sans exceptions , et ici elles sont nombreuses. Mais il arriverait peut-être qu'avec la meilleure volonté et la plus scrupuleuse bonne foi , dans une année calamiteuse , cette compagnie serait dans l'impossibilité de tenir ses engagemens. D'ailleurs chacun devant faire son métier , les négocians exigeraient sans contredit que l'entier montant des primes , quel qu'il fût, leur fût payé comptant. Où seraient alors les facilités que j'offre et dont il sera parlé plus bas ? facilités qui peuvent seules faire réussir l'entreprise.

(2) L'association que je propose peut être regardée comme une réunion fraternelle ; les associés n'ont

Un nombre de propriétaires de fonds de terre se réunissent et se garantissent réciproquement une indemnité en cas de grêle ; ils déposent une prime d'assurance proportionnée à la valeur des diverses récoltes auxquelles ils ont droit de prétendre ; ces différentes primes composeront la masse commune de la société d'où seront prises les indemnités dont il est question.

Supposons cent agriculteurs dont les possessions se trouvent disséminées dans un rayon de 6 ou 8 lieues autour de Toulouse ; ces propriétés seront ainsi disséminées , parce que la grêle venant à tomber n'en ravagera probablement qu'une partie , et que la somme provenant des primes fournira plus aisément et plus surement les moyens d'indemniser ceux à qui elles appartiendront.

---

aucun but particulier de spéculation. Ils desirent seulement s'assurer respectivement un dédommagement et un secours relatif à leurs pertes présumées et les moyens de recommencer leurs travaux dans le cas où ils en auraient perdu la faculté par le fait de la grêle , et lors même qu'ils auraient moins la faculté de supporter ces pertes. C'est ce qui doit faire distinguer cet établissement de tout autre , lequel en promettant les mêmes avantages ne serait pas entrepris dans des vues aussi désintéressées.

La réunion effectuée , les associés assem-
blés ayant choisi l'un d'entr'eux pour les pré-
sidér , nomment dans leur sein un directeur
ou régisseur , un nombre de commissaires
et un trésorier. Le directeur et le trésorier
sont nommés pour un temps indéfini ; leurs
commissions ne sont révocables que par une
délibération de l'assemblée composée de la
majorité.

Le président et les commissaires ne doivent exercer que pendant une année. Ils
peuvent être réélus sans intervalle.

Le directeur est chargé de la tenue des
registres , livres , de la correspondance , et
de tous les détails relatifs aux opérations qui
peuvent être faites au nom et pour le compte
de la société. Il est l'homme de la compagnie
et la représente. Il lui est accordé pour ses
peines , soins , frais de bureau, de correspondance , etc. , etc. , etc. , un droit sur le
montant des primes d'assurances.

L'assemblée , dans le choix du trésorier ,
s'attache à ne remettre ses fonds que dans les
mains de celui de ses membres qui a le plus
de prétentions à sa confiance , soit par sa
moralité reconnue , soit par la solvabilité
que présente sa fortune. Ce dépositaire exerce

sans aucune rétribution la charge dont il est investi. Si les qualités exigées pour le trésorier se trouvaient rassemblées dans la personne du directeur , il réunirait les deux fonctions , et par-là les rouages de l'établissement seraient moins multipliés et moins compliqués (1).

Les fonctions des commissaires s'étendent à la surveillance et inspection du travail du directeur ; ils sont autorisés à faire la vérification et reconnaissance de la caisse. En un mot , ils sont comme autant de contrôleurs qui veillent aux intérêts de la société. Ils ne perçoivent aucun traitement.

Ce sont ces officiers de la compagnie qui, réunis , doivent former le comité retréci , lequel , en l'absence des autres associés , représente l'assemblée , prépare le travail à mettre sous ses yeux , et peut la convoquer extraordinairement si les circonstances l'exigent.

---

(1) Comme certaines gens se plaisent à élever des doutes sur tout, il est possible que l'on m'objecte que si la caisse se rencontre placée chez un dépositaire peu délicat , il lui sera facile de divertir à son profit les sommes qu'elle renfermera. Cette supposition, toute déplacée qu'elle est , aura sa réponse plus bas lorsque nous aurons parlé du mode de consignation.

L'assemblée nomme aussi hors de son sein des experts dont les fonctions seront ci-après déterminées.

On s'occupe ensuite de la fixation de la prime d'assurance à percevoir sur la valeur en argent des récoltes, et du prix moyen aussi en argent sur le pied duquel elles seront assurées ; après quoi il est ouvert des registres pour inscrire les déclarations des associés ; enfin les actionnaires prennent telles délibérations qu'ils jugent convenables à l'établissement, et se séparent après avoir déterminé les époques des assemblées générales.

L'assemblée s'interdit toute discussion étrangère à l'objet dont il est ici question.

Chacun des associés stipule dans sa déclaration la situation, la contenance et la nature de son ou de ses domaines. Il désigne par leur nom et par leur étendue les diverses pièces qui les composent avec les différentes semences qu'il y a jetées. La désignation des champs est d'autant plus nécessaire, que sur un même domaine, bien loin de se ressembler tous, ils varient ordinairement entr'eux d'une manière très-frappante.

Il donne aux récoltes qui y sont pendantes

l'évaluation qu'il croit juste. On remarquera que cette évaluation est bien autre chose que le revenu. En effet, le revenu ne consiste que dans le produit net des récoltes, prélèvement fait des frais de culture, etc., tandis que la valeur des fruits à recueillir est le prix des mêmes frais, des soins, des travaux, des semences, et représente en outre l'intérêt du capital que vaut le domaine.

Il conviendra donc que dans sa souscription l'actionnaire détermine le nombre de setiers de blé, de seigle, d'avoine qu'il compte ramasser dans l'année dont s'agit sur chacune desdites pièces de terre, séparément et généralement sur tout son domaine.

La valeur argent desdits grains ayant déjà été arrêtée, c'est d'après cette base qu'ils seront estimés. (*Voyez le Tableau N°*. 1.)

Nul ne sera admis au nombre des actionnaires et ne sera conséquemment reçu à faire assurer une récolte dont la valeur argent ne représenterait pas une somme de 150 liv. (1).

---

(1) Il est juste d'assigner un dernier terme au-dessous duquel on ne recevra point de prime d'assurance, car la grêle tombe indistinctement chez le grand propriétaire et chez celui qui possède moins d'un arpent de

D'après

D'après cette désignation des pièces, cette évaluation des grains en setiers et des setiers en argent, nul propriétaire ne sera chargé plus que les autres dans le payement des primes, et tous auront un droit égal et proportionnel aux indemnités pour les pertes essuyées.

A présent, supposé que les primes ayent été fixées à raison de cinq pour cent sur la valeur des récoltes calculées en argent, et que le droit accordé au directeur soit de trois pour cent sur le montant desdites primes; voici en abrégé le modèle et la forme des déclarations et des consignations (1).

---

terre; l'un et l'autre ayant demandé le transport des experts, il faut bien que le montant de leurs primes respectives représente les frais de l'expertise qui aura été faite chez eux.

(1) Je ne parle ici qu'hypothétiquement, et j'adopte une base, parce qu'il en faut nécessairement une pour raisonner avec quelque conséquence. Mes hypothèses sont au surplus, et seront toujours subordonnées aux décisions ultérieures que prendra la société. Que la prime soit plus ou moins forte, que d'une portion de ces primes on compose une caisse d'amortissement réservée pour telle époque et telles circonstances qu'on jugera convenables, ce n'est pas ce dont je dois m'occuper aujourd'hui. Ce qu'il m'importe et qui n'intéresse pas moins les autres propriétaires, c'est que l'associa-

Pierre , après avoir rempli le protocole ci-dessus dit de sa déclaration , estime que les grains qu'il doit retirer de sa récolte pendante s'éléveront à 310 setiers , lesquels doivent lui représenter en argent , ci. 4798 liv.

S A V O I R :

194 setiers de blé à 18 l. , ci. . . . . 3492 l.
43 setiers d'avoine à 10 l. , ci. . . . 430
73 setiers de seigle à 12 l. , ci. . . . 876
_____

310 setiers de grains , ci. . . . . . 4798 l.
_____

Il fait assurer ces 310 setiers de grains , et conséquemment 4798 liv.

Le montant de la prime sur cette somme à 5 pour cent est , ci. . . . . 239 l. 18 s.

Le droit du directeur à 3 pour cent sur cette prime est , ci. . . . . 7 l. 4 s.
_____

Il semblerait qu'il doit consigner , ci. 247 l. 2 s.

Mais l'objet de l'association , bien loin de tendre à gêner aucunément les propriétaires , étant au contraire tout entier en leur faveur ,

_____

tion ait lieu. Je jette mes idées en avant ; il sera temps toujours , en leur donnant les développemens dont elles sont susceptibles , de faire à ce plan les additions et les retranchemens qui auront paru nécessaires.

et l'avance de cette somme de 247 liv. 2 s.
pouvant paraître trop forte pour quelques-
uns d'entr'eux ; voici comment je leur facilite
les moyens d'en faire la consignation.

La plus grande partie des sommes provenant des primes, ne doit être employée
qu'après que les indemnités seront acquises
et exigibles. Le dépôt sera donc fait de la
manière suivante :

Le déclarant paye comptant entre les mains du
directeur le 5.me de sa prime ou, ci.   47 l. 19 s. 7 d.
Pour les quatre autres 5.mes, il fait
quatre obligations au porteur, chacune de 47 liv. 19 s. 7 d. payables au
15 fructidor suivant. Ces quatre effets
forment ensemble, ci. 191   18   5
                                    _____
Total de la consignation, ci. . 239 l. 18 s.
Ajoutez pour le droit du directeur,   7 l. 4 s.
                                    _____
Total général, ci . . . . . . 247 l. 2 s.
dont seulement 55 liv. 3 s. 7 d. en argent comptant.

Telles sont les facilités dont j'ai parlé ;
elles sont assez grandes , puisque le propriétaire obtient pour le payement des quatre
cinquièmes de sa prime, si le cas le requiert,
jusqu'au temps où ses appréhensions ont
cessé, que ses greniers ont reçu ses récoltes,

que même il a pu déjà en vendre une partie (1).

Cet exemple de Pierre s'applique à tous
les actionnaires ; chacun ayant consigné dans
la proportion de la valeur de sa récolte , le
cas des indemnités arrivant , il y aura un
droit proportionné aux chances qu'il aura
courues.

Si le directeur est en même-temps le cais-
sier , les consignations restent chez lui ; dans
le cas contraire , il en fait les versemens
partiels chaque décade entre les mains du
trésorier ; et moyennant les récépissés qu'il
en retire , et qui balancent ceux qu'il a fait
lui-même aux associés individuellement pendant ladite décade , tout marche d'accord.

Les récépissés que le directeur délivre aux
actionnaires, consistent dans une copie con-

_____

(1) Le droit de trois pour cent sur le montant des
primes accordé au directeur , paraîtra sans doute exces-
sivement modique eu égard aux détails dont il sera
chargé et aux frais de ses bureaux , puisque dans la
supposition que le montant des primes soit de 20,000 liv.
sur 400,000 liv. de récoltes assurées , il n'aura pour son
droit que 600 liv. ; mais que l'on fasse attention que
ces travaux et ces dépenses ne peuvent devenir plus
multipliés sans que ces émolumens n'augmentent dans
la même proportion.

forme de leur déclaration et souscription d'assurance. Cette seule pièce fait leur titre et équivaut à toute autre reconnaissance.

Au moyen du mode précité des consignations, la caisse se trouve contenir du numéraire disponible pour les cas prévus et accidentels, et des obligations qui seront, en cas de grêle, le gage sacré et la garantie des indemnités.

Les registres destinés aux inscriptions demeurent ouverts. Tous les propriétaires sont reçus dans tous les temps à faire assurer leurs récoltes pendantes, en justifiant qu'elles sont encore intactes. Il est décidé que les conditions déterminées par l'assemblée dans sa dernière séance, feront loi pour les actionnaires qui se présenteront postérieurement (1).

_____

(1) On prétend que certains cantons, par leur situation topographique, sont exposés à être grêlés plus souvent que d'autres. Il me paraît fort difficile de prouver une pareille assertion, d'après ce que l'on sait de la formation de ce météore ; mais quand cela serait, n'y aurait-il pas de la barbarie à exclure de l'association un propriétaire, par cette seule raison qu'il a plus besoin de s'y faire agréger. N'est-il pas évident d'ailleurs que par une semblable exclusion on jetterait sur certaines propriétés une défaveur plus funeste que le fléau que

Les dévastations qu'apporte la grêle, ne sont pas toujours les mêmes quant à l'étendue des terres et la quantité des fruits.

Quelquesfois ce seront toutes les récoltes assurées d'un même domaine qui disparaîtront, écrasées, ensévelies par la chûte des cristaux glacés, dans d'autres temps on ne perdra qu'une portion de ses espérances ; enfin on verra des années où toutes les campagnes des associés seront respectées.

Ces diverses circonstances exigent qu'il soit déterminé un mode d'appréciation qui prévienne les abus et les contestations auxquels elles pourraient donner naissance.

Les développemens relatifs à cette dernière hypothèse, la plus heureuse de toutes, auront leur place plus loin. Occupons-nous de ce qu'il faudra faire dans les autres cas.

Les possessions de l'un ou de plusieurs des actionnaires venant à être grêlées ; voici la marche et les formalités qu'ils devront suivre pour se mettre en mesure d'obtenir les indemnités convenues.

---

nous redoutons. Au reste, j'ai prévu cette objection, et j'y ai répondu lorsque j'ai dit que les propriétés des actionnaires seront disséminées dans un rayon déterminé.

L'associé grélé se transportera au bureau de la direction pour y faire sa déclaration et la réquisition du transport des experts ; cette déclaration contiendra le jour où la grêle sera tombée , l'étendue à-peu-près des terres en récolte qui en auront été atteintes et leur désignation. S'il ne peut se rendre audit bureau , cette pièce y sera adressée par voie sûre. Il lui est accordé pour cela un délai , qui ne pourra excéder six jours , à compter de celui où le ravage aura eu lieu.

J'ai déjà dit que l'assemblée avait nommé ses experts ; tous les actionnaires ayant dû et pu concourir à leur nomination , se sont soumis à s'en rapporter à leur dire et jugement.

Le directeur , dans les huit jours qui suivent la remise de la déclaration , envoie deux experts sur les propriétés grélées ; celui chez qui ils se rendent est en droit d'en récuser un ou même tous les deux , en motivant cette récusation , et il lui en est envoyé d'autres.

Les experts , pour procéder avec connaissance de cause , sont munis d'un copie conforme de la déclaration d'assurance de l'actionnaire dont s'agit , dans laquelle sont désignées nominativement les pièces de terre assurées lui appartenant , leur situation , la quantité et qualité des semences qu'elles avaient reçues , leur étendue et leur produit présumé.

La montrée des terres leur est faite par le propriétaire lui-même ou quelqu'un qui le représente , et c'est hors de sa présence qu'ils dressent leur relation.

On sait que sur un domaine , quelque circonscrit qu'il soit , et qui plus est sur une même pièce de terre , une seule portion , peut-être , sera atteinte par la grêle , tandis que les autres en seront respectées ; ainsi , en estimant le dommage survenu sur chacune desdites pièces séparément, les experts stipulent que la perte pour le propriétaire est de la totalité , des trois quarts , de la moitié , du tiers , du quart , etc., etc. de la récolte ou des récoltes qui y étaient sur pied.

Il ne leur est pas permis de donner une évaluation numérique des setiers de grains emportés par la grêle ; car voici ce qui pourrait arriver.

Pierre n'a fait assurer que 310 setiers de

grains qu'il estimait devoir être le montant total de ses récoltes ; cependant , soit par l'effet d'une année généralement abondante ou par le résultat de procédés nouveaux et fructueux , s'il n'eût pas été grêlé il était dans le cas d'en recueillir 387. La grêle , selon le rapport des experts , lui a enlevé la moitié de cette quantité ou 193 setiers et demi , et il lui en reste autant. Or l'indemnité lui étant payée en raison de la quantité numérique qu'il a perdu ou de 193 setiers et demi , il se trouverait que , quoique sa prime n'ait été perçue que sur 310 setiers, son bien lui aurait produit , soit en nature , soit en indemnités 387 setiers , le quart à-peu-près en sus de ce qu'il avait fait assurer.

Et *vice versa* si la récolte pendante assurée à raison de 310 setiers , au lieu de surpasser la quantité présumée ne promettoit que 233 setiers , et que la grêle vînt en emporter la moitié , les experts stipulant par le nombre desdits setiers porteraient cette perte à 116 setiers et demi , et ledit Pierre perdrait d'une part 38 setiers et demi par la diminution naturelle survenue , et 38 setiers et demi dans la distribution des indemnités , pour lesquels il avait payé la prime , ce qui lui reviendrait à une réduction réelle de 77 setiers , ou le quart en moins à-peu-près de ce qu'il avait fait assurer , puisque ce qui lui resterait d'effectif sur son domaine , cumulé avec le montant des indemnités , ne lui représenterait que 233 setiers au lieu de 271 setiers et demi , attendu que toute la réduction qu'il peut éprouver ne doit provenir que de la diminution naturelle dont il a été parlé.

Le vice et les inconvéniens de cette manière de procéder sont trop palpables pour qu'on s'y appesantisse plus long-temps ; les actionnaires les apercevront aisément , et ce sera pour eux un puissant motif de ne pas s'écarter de la vérité dans leurs déclarations.

S'il arrive que les avis des deux experts sur l'évaluation du dommage soient partagés , que par exemple selon l'un la perte s'élève à la moitié , et selon l'autre aux trois quarts de la récolte , leurs opinions respectives sont consignées dans la relation ; et dans ce cas , il est convenu que sans autre discussion , pour éviter tous débats et ne laisser matière à aucune discussion , le terme moyen des deux opinions des expers , qui dans cette hypothèse revient à cinq huitièmes, est toujours la base adoptée par la société (1).

L'indemnité ne portera jamais sur les pailles, ainsi les experts n'en feront pas mention.

Il arrive quelquefois que la grêle fait si peu de dégâts, qu'il serait difficile d'en assigner la mesure ; d'après cela, on ne sera admis à recevoir des indemnités, que lorsque ces dégâts auront occasionné au moins la perte de la seizième portion des fruits ; en sorte que si les experts déclarent dans leur verbal que la grêle n'a réellement emporté que le dix-septième de la récolte, la réclamation a été mal fondée et sera rejetée. Les associés, avant de demander le transport des experts, devront donc se convaincre par eux-mêmes de ce à quoi ils ont droit

(1) Les experts ne se laisseront pas influencer et ne favoriseroient pas dans leur rapport tel actionnaire qui aurait voulu acheter leur bienveillance, parce qu'ils craindront avec raison que la société venant à être informée de leurs prévarications, ne les continue pas dans leurs fonctions pour l'année suivante ; ils envisageront d'ailleurs qu'il leur est impossible d'alléger les maux de l'un des associés, sans aggraver ceux d'un autre qui aura été déjà aussi grêlé ou qui le sera postérieurement à celui chez lequel ils procèdent.

de prétendre, par ce moyen ils éviteront à la société les frais d'une expertise inutile.

Les salaires des experts, lesquels ont déjà été taxés en assemblée, par vacations ou par abonnement, leur sont payés par le trésorier sur un mandat tiré par le directeur, visé par le président ou par deux des commissaires (1).

L'assurance n'a pour objet que les ravages de la grêle ; les autres cas fortuits dont les campagnes ont à souffrir, tels que le froid, la sécheresse, le brouillard, etc. etc., ne lui sont pas comparables dans leurs résultats ; d'ailleurs le mal qu'ils font est à-peu-près

---

(1) Les frais d'expertise ne doivent point effrayer ; on trouvera aisément des experts qui se chargeront de toutes les opérations de leur ressort par forfait et moyennant un prix commun pour toutes les expertises, quels que soient l'étendue et l'éloignement de la propriété grêlée sur laquelle ils se transporteront. Je ne suis point d'avis que dans la vue d'une économie mal entendue, la société se contente des estimations que font faire les préposés à la perception des contributions dans les cas de grêle. Ces sortes d'expertises, comme on l'a vu, ne peuvent convenir à la compagnie ; il vaut mieux qu'elle supporte quelques frais, en payant elle-même des experts de son choix, que de s'en rapporter à des opérations où trop souvent la partialité déciderait en faveur des uns au détriment des autres.

général pour toute une contrée, ainsi l'assurance ne saurait avoir lieu.

Les millets ou maïs, par leur nature forte et robuste, ne craignent que très-peu, ou point du tout, les effets du météore ; il serait superflu de les faire assurer ; les autres grains tardifs, vulgairement appelés menus grains, les foins naturels ou artificiels, quoiqu'ils y soient exposés, ne composent pas ce qu'on appelle ordinairement le revenu ; on peut les placer dans la même cathégorie.

Quant aux vignes, qui dans ce pays forment une grande portion de la richesse des agriculteurs, il n'est pas permis de les passer sous silence ; mais les vins se recueillent beaucoup plus tard que les grains dont nous avons parlé ; ils sont conséquemment plus long-temps exposés à la grêle ; en outre, les dangers qu'elle apporte aux vignes et aux champs sont d'une nature bien différente ; ils sont plus sensibles par leurs suites pour les unes que pour les autres ; il est donc juste de faire de leur produit la matière d'un chapitre séparé.

Le mode d'assurances, le coût des primes et leur consignation, les formalités à remplir en cas de grêle, seront les mêmes pour les vins que pour les grains ; il n'y aura pour ces deux espèces de denrées, que les différences que nous allons assigner et qui sont indiquées par la nature.

Nous avons dit que les obligations consenties par les actionnaires pour valeur des primes relatives aux grains, sont payables au 15 fructidor, époque où cette récolte est déjà déposée dans les greniers ; le terme de celles souscrites à raison des vins, sera prolongé jusqu'au 15 brumaire, un mois environ après que les vendanges sont par tout achevées.

Les déclarations et inscriptions d'assurances seront consignées dans un registre particulier ; la caisse des primes distincte et séparée de celle des champs ; les comptes respectifs tenus séparément ; enfin les chances que les vignes ont à courir ne seront communes qu'aux propriétaires de vignobles.

Tel particulier ne possède que des terres labourables, tel autre n'a que des vignes, un troisième enfin a ses possessions composées de champs et de vignes.

Chacun des deux premiers est employé dans le registre et la comptabilité qui le

compètent, et le troisième fait deux déclarations, et consigne les deux primes qui
ont rapport à ces deux espèces de propriétés
et récoltes. Ainsi Pierre, qui a fait assurer
d'un côté 310 setiers de grains par rapport
à ses champs ensemencés , fait assurer d'autre part 60 barriques de vin qu'il espère recueillir sur vingt arpens de vigne ; il désigne
aussi par leur nom et leur contenance , les
diverses pièces qui composent son vignoble ,
et leur assigne le produit qu'il en attend séparément. (*Voyez le Tableau N°. 2.*)

Il serait difficile d'assigner un terme
moyen au prix du vin , à cause des différentes qualités de cette denrée , qui lui vien-
nent soit du cru soit de toute autre raison ;
l'actionnaire pourra donc le déterminer ,
sans s'écarter néanmoins d'une façon trop
sensible , soit en plus soit en moins , dudit
prix moyen de la denrée précitée.

Quant à la quantité des produits, de même
que les grains, s'évaluent par setiers mesure
de Toulouse ; elle est indiquée , pour les
vignes , par barriques de cent pegas , qui
sont la contenance ordinaire des futailles
en usage dans ladite ville.

Tels sont les points de différence qui exis-

tent entre les terres labourables et les vignes ;
pour tout le reste, la compagnie ne compose qu'un seul et même corps qui n'a que
les mêmes officiers, les mêmes employés,
et qui suit les mêmes lois ; d'après cela, il
conviendra que dans la nomination desdits
officiers, on s'attache à prendre parmi ceux
dont les possessions embrassent l'une et
l'autre espèce de propriétés, parce que les
deux les intéresseront pareillement.

Les associés se réunissent de droit en
assemblée générale au 30
au 15 fructidor et au 15 brumaire de chaque
année. Tous les actionnaires, qu'ils soient
propriétaires de terres labourables ou de
vignes, assistent à ces assemblées et y ont
voix délibérative.

Je crois avoir expliqué les objets dont on
doit s'occuper à la première époque, en
parlant de la composition de l'association.

L'assemblée du 15 fructidor est particulièrement et spécialement destinée aux récoltes en grains ; elle se fait représenter les
rapports des experts sur les dommages occasionnés par la grêle chez ceux d'entre ses
membres qui les ont éprouvés ; elle les
reconnaît et les vérifie ; elle apure les comptes
du

du directeur et du trésorier ; et après avoir
procédé à la répartition et distribution des
indemnités à prendre dans la caisse , elle en
ordonne le payement.

Suivant les diverses hypothèses d'après
lesquelles nous avons raisonné , il y aura des
années tellement calamiteuses où l'entier
montant des primes , prélèvement fait des
frais d'expertise , sera totalement absorbé
par les indemnités dues , ou même sera-t-il
insuffisant pour les parfaire , d'autres fois
la recette l'emportera sur la dépense ; dans
d'autres temps enfin , il arrivera que nul
actionnaire n'ayant été grêlé , la caisse res-
tera intacte.

Dans les deux premiers cas , on dresse un
tableau comparatif du contenu en caisse et
du montant des indemnités dues ; et par
une simple opération d'arithmétique, on fait
le partage dudit contenu entre tous les actionnaires grêlés , au prorata et au marc la
livre de ce qui revient à chacun , tant en
raison de sa prime d'assurance, qu'en raison
de ses pertes.

Qu'on me permette de tracer ce tableau
de répartition dans une de ces années , où ,
comme je l'ai dit , le montant des primes,

C

déduction faite des frais d'expertise , sera
moindre que la somme totale des indemnités
dues.

EXEMPLE.

100 actionnaires ont fait assurer des récoltes de diverses valeurs dont le montant
total s'élève à 400,000 liv.

Le produit des primes sur ces 400,000 liv.
a été de 20,000 liv.

SAVOIR :

Pour le cinquième en argent comptant , ci. . . . . 4,000 liv.
Pour les quatre cinquièmes
en obligations déposées , ci. 16,000 liv.   20,000 liv.

Les frais d'expertise se sont portés à. .   200 liv.

Il reste en caisse , ci. . . . . . 19,800 liv.

Or , sur ces 100 actionnaires 16 ont été
grêlés , et la somme totale des pertes qu'ils
ont éprouvées , d'après les rapports des experts et leurs évaluations respectives , s'élève
à 29,000 liv.

Le restant en caisse n'étant que 19,800 l.,
il s'agit de répartir au marc la livre cettedite
somme entre les 16 actionnaires. (*Voyez
le Tableau N°. 3.*)

Dans la 2.ᵐᵉ conjecture , lorsque la masse des indemnités à répartir sera moindre que celle des primes , ces indemnités calculées dans la proportion ci-dessus établie , chacun des actionnaires grêlés reçoit en indemnités l'entier montant des pertes qu'il a essuyées , lequel , avec ce qui lui reste d'effectif de sa récolte , doit lui représenter le montant de son assurance (1).

Une observation très–naturelle trouve ici sa place. Ambroise avait fait assurer 4798 l. il lui en a été enlevé par la grêle la moitié ou 2399 liv. , et la caisse est en état de lui fournir cette somme qu'il a perdue. Si on lui compte ces 2399 liv. en entier , il se trouvera que , malgré que son patrimoine ait été ravagé , ses récoltes lui auront rendu en proportion plus qu'à ses co-intéressés

_____

(1) Une considération puissante milite en faveur de cet établissement. C'est que quelques grands que soient les ravages de la grêle , lors même que tous les action-naires auraient été grêlés dans la même proportion , ce qui est de toute invraisemblance , chacun d'eux en re-tirant sa prime recouvrerait le montant de sa consi-gnation ; et que dans l'hypothèse absolument contraire , la caisse restant intacte , les fonds destinés pour une année sont utilisés pour celle qui suit. Est-il quelque compagnie d'assureurs qui se chargeât de l'assurance à une pareille condition ?

qui n'ont point éprouvé de ravage. En effet, celui qui n'a point été grêlé n'aurait que sa récolte assurée, moins sa portion, dans le montant des primes dont on prendrait les 2399 liv. à remettre audit Ambroise, tandis que ce dernier verrait la totalité de la valeur de ses récoltes conservée en nature ou représentée par les indemnités qu'il aurait reçues.

Pour détruire cette objection qui est de toute justice et obvier à l'abus qu'elle fait apercevoir, il suffit d'établir une fois pour toutes, que sur le montant de l'indemnité acquise au propriétaire grêlé, quelque favorable que soit la circonstance dans laquelle il se trouve, il lui sera fait la retenue d'une portion de sa prime calculée dans la proportion de son indemnité. Ainsi, Ambroise a perdu la moitié de sa récolte assurée ou 2399 liv.; il avait consigné pour sa prime 239 liv. 18 s., on se contente de lui compter 2279 liv. 1 s., lesquels avec les 119 l. 19 s., moitié de sadite prime, complettent les 2399 liv. d'indemnité qui lui reviennent; c'est-à-dire que la retenue est du 20.me sur l'indemnité, comme la prime perçue avait été du 20.me sur le montant de l'assurance.

Mais cette retenue n'aura pas lieu dans

les mauvaises années où la somme totale des indemnités excédera de plus d'un 20.me le montant de la masse à répartir , parce qu'alors elle existera naturellement par la différence qui se trouvera entre les pertes essuyées réellement , et la quote part des indemnités reversibles sur les grélés.

Les retenues composeront une somme plus ou moins forte , selon que les indemnités seront considérables ; nous assignerons son emploi ; nous dirons pareillement ce que deviendra l'excédent de la masse des primes sur celle des dédommagemens dans les bonnes années.

On se souvient que le montant total des primes lors de la consignation a été divisé en cinq portions , dont une en argent comptant , et les quatre autres en quatre obligations au porteur payables au 15 fructidor. Cette division rendra plus faciles la répartition et distribution des différentes indemnités , dans le cas où elles devront être faites en argent comptant ou en billets des actionnaires.

Après que le numéraire est épuisé , que l'on a fixé au marc la livre la quote part des billets de chacun des actionnaires non grélés qui doivent entrer dans la distribution à faire, le sort préside à cette distribution, et elle s'opère dans la même proportion que ledit numéraire. Les obligations, avant d'être délivrées, sont visées par le président de l'assemblée : elles appartiennent à l'actionnaire grêlé qui en sera porteur ; il en fait son affaire propre et en poursuivra le remboursement. On est fondé à croire que ces dettes sacrées seront acquittées à la première demande et sans difficulté ; dans le cas contraire, les débiteurs y seront contraints par les voies de la justice et même par corps (1).

Il n'existe aucune solidarité entre les sociétaires ; nul n'est responsable que de ses obligations partielles et de sa quote part dans la distribution qui en a été faite.

Occupons-nous maintenant de la destination du restant en caisse, après la liquidation totale et la distribution des indem-

(1) On voit maintenant combien peu serait fondée l'objection prévue touchant l'infidélité du dépositaire. Les billets au porteur qui forment les quatre cinquièmes du montant des primes, ne peuvent avoir cours qu'après une époque déterminée. Ils portent l'énonciation de leur valeur, et leur émission n'a lieu qu'en vertu d'une délibération de l'assemblée.

nités , aussi-bien que du montant des retenues sur lesdites indemnités dans les années
les moins désastreuses. Alors , supposé que
sur 20,000 liv. qui se trouvaient dans la
caisse 10,000 liv. seulement ayent été con-
sacrées au payement des dédommagemens ;
les 10,000 l. restantes sont calculées pour les
intéressés qui n'y ont pas eu de part , chacun selon son action , et le résidu qui le
compète lui servira d'autant quand il fera
sa nouvelle soumission pour l'année suivante. Ainsi , Jérôme qui n'a point été
grêlé avait consigné pour sa prime 120 liv.;
dans la répartition et distribution , il n'y a eu
pour sa part que 60 liv. employées ; il lui
reste donc dans la caisse , en obligations ,
60 liv. , qu'il reprendra lors de la consignation prochaine , et qu'il échangera contre de
nouvelles obligations.

Dans le cas de vente par un des actionnaires de tout ou partie de ses propriétés
assurées , l'acquéreur n'entrera en posses-
sion de son action et ne sera aux droits de
son vendeur , qu'en justifiant qu'il s'en est
entendu avec lui , et en exhibant la cession
et transport qui lui en aura été consentie ;
sans cela , les prétentions aux indemnités

restent en faveur du vendeur à qui il a été loisible de les réserver dans son acte de vente ou méme tacitement.

La forme des déclarations et le mode des consignations , seront les mémes pour la 2.me année et pour toutes celles qui sui-vront.

Mais il arrivera peut-étre que tel action-naire qui a laissé dans la caisse après la liquidation des indemnités 100 liv. à lui appartenant , cessera de faire partie de la société , soit par inconstance , soit par toute autre raison ; que tel autre tout en y restant attaché , ayant diminué ses prétentions en récoltes pour l'année prochaine , devra con-signer une prime moindre que celle de l'année précédente.

Quelle sera la marche à suivre par la compagnie envers l'un et l'autre ?

Il est décidé pour le premier , que par le fait de sa retraite il a abandonné les droits qu'il avait au résidu qu'il a laissé dans la caisse , lequel est acquis à la société. Le montant des obligations dont il est débi-teur , ne sera cependant exigible qu'un an et un jour après leur échéance , afin qu'il ait eu assez de temps pour faire sa nouvelle

soumission , et utiliser , s'il le juge à pro-
pos , ces fonds , qui auraient été perdus
pour lui.

Dans la 2.me hypothèse , qui sera la plus
commune , on comparera le montant de la
prime précédente à celui de celle qui doit
être présentement consignée ; si la différence est au désavantage de la dernière , la
moitié de cette différence sera pareillement
acquise à la société.

De cette manière , Jérôme qui renouvelle
sa déclaration avait laissé , comme nous
l'avons dit , dans la caisse , pour son résidu
de prime en billets au porteur , ci.   60 liv.

Sa consignation pour l'an dernier
était de , ci. . . . . 120 liv.
Celle pour l'année actuelle est
de , ci. . . . . 100 liv.

La différence est , ci. . . . 20 liv.

Ces 20 livres divisées par la moitié , il
reste 10 liv. , lesquelles auront le même sort
que les 100 liv. dont il a été question pré-
cédemment , elles tourneront au profit de la
société , et serviront à grossir la masse des indemnités destinées pour les années suivantes.

D'après cela, l'actionnaire précité fera sa
2.me consignation ainsi qu'il suit : En retirant ses obligations déjà existantes formant
60 liv. , il en fera une payable au 15 fructidor suivant et au porteur , de 10 liv. , pour
la moitié de la différence entre les valeurs
des deux primes passée et présente , après
quoi il procédera pour le dépôt des 100 liv.
dont s'agit actuellement , selon le mode
prescrit pour la première consignation ;

Savoir :

Pour le 5.me payable comptant , ci. . .   20 liv.

Pour les quatre autres 5.mes en quatre
obligations au porteur de 20 liv. l'une , ci.   80 liv.

Total , ci. . . . .   100 liv.

Pour le droit du directeur à trois pour
cent , sur ces 100 liv. , ci. . . . .   3 liv.

Total général , ci. . . . .   103 liv.

Il fera donc assurer pour la 2.me année
des récoltes estimées 2000 liv. moyennant la
consignation de 53 liv. , puisqu'en retirant
ses obligations antérieures il utilise 50 liv.
de sa précédente action.

D'après ce raisonnement , le coût des
assurances devant être toujours le même ,

ceux qui font déjà partie de la société , et qui avaient déjà déposé une prime pour l'année précédente, pourront seuls prétendre à jouir d'une diminution pour celle qui suivra , et ce à raison de leur résidu.

Les états de recette et dépense étant arrê-tés, la liquidation et distribution des indemnités achevée , en un mot la comptabilité relative aux récoltes en grains entièrement clôturée , il est ouvert un livre nouveau pour l'année suivante , et l'assemblée s'ajourne au 15 brumaire pour s'occuper des récoltes en vin.

Nous avons déjà assigné les points de différence qui distinguent cette denrée de celle des grains ; nous avons dit que les mêmes procédés doivent avoir lieu pour les déclarations , les consignations , aussi-bien que pour constater les dommages occasionnés par la grêle , ainsi que dans la liquidation et distribution des indemnités.

Ainsi , les actionnaires réunis au 15 brumaire se conformeront, quant aux propriétaires de vignes , au mode qui a été pratiqué au 15 fructidor à l'égard des propriétaires de terres labourables. L'application est assez facile, je ne m'étendrai pas davantage sur cet article.

Les fermiers et les propriétaires dont les biens sont affermés , trouveront aussi leur intérêt à se lier à la compagnie ; car , ou dans les baux à ferme le cas de grêle est réservé en faveur du fermier , ou bien les évènemens de cette nature sont à sa charge.

Dans la première hypothèse , c'est le propriétaire qui doit en souffrir , puisque dans le prix convenu avec le fermier , il éprouve une diminution proportionnée au dommage.

Dans le cas au contraire où c'est le fermier qui supporte ce dommage , il rentre dans la même catégorie que celui qui fait valoir son domaine par lui-même ; ainsi, dans l'un et l'autre cas , ils seront l'un ou l'autre intéressés à faire assurer leurs récoltes.

Voici une nouvelle circonstance. Certains propriétaires font cultiver leurs terres à colonne partiaire ; le maître voudra faire assurer et le bordier refusera de concourir à cette mesure , alors le propriétaire fera sa soumission et sa déclaration dans la proportion de la quantité des récoltes qui sont pendantes pour son compte ; et les expertises faites sur le total , l'indemnité ne portera que sur la portion des fruits qui devaient revenir à l'actionnaire. Si c'est le maître qui refuse , le colon en usera de la même manière pour sa quote part (1).

Je crois avoir rempli la tache que je m'étais imposée ; il ne me reste maintenant qu'à faire des vœux pour que mon projet soit goûté et qu'il soit mis à exécution.

Si j'osais exprimer ma pensée toute entière , je dirais que le gouvernement doit sa bienveillance et sa protection à un établissement qui , en favorisant l'art le plus

(1) On s'aperçoit facilement que les avantages qui résulteront de l'exécution de mon projet deviendront plus grands à mesure que le nombre des actionnaires deviendra plus considérable. Transportons-nous par la pensée à cette heureuse époque où ce nombre sera tel qu'il ne soit pas possible de réunir tous les intéressés dans une même assemblée , à cause de la confusion qui s'ensuivrait de ce concours extraordinaire. Que faudra-t-il faire alors ? Suivre la marche qui est en usage dans toutes les banques. Après avoir déterminé le nombre des associés qui doivent composer les assemblées , on assignera une certaine somme d'actions dont il sera nécessaire d'être porteur pour son propre compte ou par procurations pour avoir droit de séance et voix délibérative. Les décisions prises par ces actionnaires feront loi pour eux et pour ceux qu'ils auront représentés.

utile aux hommes, ne peut manquer de
concourir efficacement à la prospérité de
la nation.

Par lui, rassuré sur le sort de ses pré-
cieuses récoltes qui doivent fournir à son
existence et à celle de ceux qui lui prêtent
le secours de leurs bras, certain d'avoir
dans tous les temps les moyens de faire
de nouvelles semences et de recommencer
ses travaux, le cultivateur s'y livrera sans
parcimonie, avec plus de zèle, une attention plus scrupuleuse, et la terre recon-
naissante, le payera de ses efforts par des
moissons qui, en l'enrichissant, feront
naître par tout l'abondance.

Par lui, les propriétés rurales parvien-
dront à une valeur qu'elles n'ont pas depuis
long-temps; tremblant pour ses trésors,
le capitaliste ne persistera plus à les laisser
enfouis ou à les faire fructifier par des
moyens aujourd'hui trop connus et fort peu
délicats, lesquels souvent ne répondent pas
à son attente; il les placera sans balancer
sur des biens fonds, lorsqu'il aura la certitude que l'intérêt légitime auquel il a
droit de prétendre, lui sera garanti, si non
en totalité, du moins en très-grande partie;

les ventes deviendront plus faciles , les
mutations plus fréquentes , et apporteront
une augmentation sensible dans les revenus
de l'état.

F I N.

RÉCAPITULATION.

1°. TABLEAU des ravages occasionnés par la grêle et leurs suites.

2°. Utilité d'une compagnie d'assurance contre ce fléau, dans laquelle les propriétaires soient en même-temps assureurs et assurés.

3°. Réunion des actionnaires, formation de la société, et composition d'un comité permanent.

4°. Nomination d'experts.

5°. Fixation du coût des primes d'assurance, mode de consignation et facilités accordées à cet effet.

6°. Formalités à remplir pour constater les effets de la grêle.

7°. Différences qui distinguent les vignes des champs.

8°. Assurance pour les vins.

9°. Assemblées générales.

10°. Assemblée du 15 fructidor relative aux grains.

11°. Répartition en indemnités et distribution du montant des primes.

12°. La société profite du résidu qu'a laissé en caisse l'actionnaire qui abandonne la compagnie, et de la moitié de la différence qui se trouve entre la consignation actuelle d'un associé, et celle qu'il avait déposée pour l'année antérieure.

13°. Assemblée du 15 brumaire relative aux vignes.

14°. Application des bases établies pour les grains aux récoltes en vin.

15°. Réflexions de l'auteur. *Tableau N°. 1.*

(No. 1.)

MODÈLE DE DÉCLARATION D'ASSURANCE

POUR LES PROPRIÉTAIRES DE TERRES LABOURABLES.

Le soussigné Pierre déclare qu'il possède dans la Commune de quartier appelé une propriété en fonds de terre de la contenance de 100 *arpens, où il a semé cette année* 56 *setiers de grains, dont* 37 ¼ *blé,* 12 ½ *seigle et* 6 ¼ *avoine, sur les pièces et dans les proportions ci-après désignées. Ces semences étant susceptibles de produire, d'après les données qu'il a acquises par l'expérience, la quantité de* 310 *setiers de grains, doivent lui représenter en argent une somme de* 4798 *liv.*

SAVOIR:

DÉSIGNATION DES PIÈCES.	LEUR étendue.	QUANTITÉ ET QUALITÉ des semences jetées. Blé.	Seigle.	Avoine.	TOTAL des semences.	PRODUIT PRÉSUMÉ des divers grains. Blé.	Seigle.	Avoine.	TOTAL du produit présumé.	PRIX des divers grains. Blé.	Seigle.	Avoine.	MONTANT partiel des divers grains. Blé.	Seigle.	Avoine.	MONTANT général.
	arpens.	setiers.	setiers.	setiers.	setiers.	setiers.	setiers.	setiers.	setiers.	liv.	liv.	liv.	liv.	liv.	liv.	liv.
PORTAIL........	6	7 ½	«	«	7 ½	35	«	«	35	18	12	10	630	«	«	630
ENCLOS.........	10	«	6 ¼	6 ¼	12 ½	«	42	43	85	«	«	«	«	504	430	934
LAVERGNE.....	9	5	6 ¼	«	11 ¼	25	31	«	56	«	«	«	450	372	«	822
CUGNARDIS....	8	10	«	«	10	59	«	«	59	«	«	«	1062	«	«	1062
VIVIER..........	3	3 ¾	«	«	3 ¾	20	«	«	20	«	«	«	360	«	«	360
BRUYERE........	9	11	«	«	11	55	«	«	55	«	«	«	990	«	«	990
	45	37 ¼	6 ½	6 ¼	56	194	73	43	310				3492	430	430	4798

Desirant faire assurer ces 310 setiers de grains ou ladite somme de quatre mille sept cens quatre-vingts-dix-huit livres par la compagnie d'assurance des récoltes en grains et vins, et faire partie de ladite compagnie, il a consigné pour la prime sur cette somme, celle de deux cens trente-neuf livres dix-huit sous, ainsi qu'il suit :

En argent comptant pour un 5.me de sa prime, ci. . . . . 47 liv. 19 s. 7 d. ⅕

En billets au porteur de 47 liv. 19 s. 7 d. ⅕ l'un, payables au 15 fructidor prochain, ensemble, ci. . . . . . . 191 liv. 18 s. 4 d. ⅘

239 liv. 18 s.

Plus, qu'il a payé en argent comptant pour le droit du Directeur, ci. . . . . 7 liv. 4 s.

TOTAL, deux cens quarante-sept livres deux sous, ci. . . . . 247 liv. 2 s.

Et a signé. A Toulouse, le

MODÈLE

DE DÉCLARATION D'ASSURANCE
POUR LE PROPRIÉTAIRE DE TERRES EN VIGNE.

Le soussigné Michel   *déclare qu'il possède dans la commune de*   *quartier appelé*   *une propriété en vigne de la contenance de* 21 *arpens, qui doit lui produire cette année la quantité de* 64 *barriques vin, lesquelles doivent lui représenter en argent une somme de* 3200 *liv.*

SAVOIR:

DÉSIGNATION des PIÈCES.	LEUR ÉTENDUE.	PRODUIT PRÉSUMÉ.	PRIX.	MONTANT partiel DES PIÈCES.	MONTANT général DE LA RÉCOLTE.
	arpens.	barriques.			
GRANDE VIGNE. . . .	10	30	50 l	1500 l	
PICCOTTE.	5	10		500	
PLANTIER.	6	24		1200	
	21	64		3200	3200

Desirant faire assurer ces 64 barriques ou 3200 liv. par la compagnie d'assurance des récoltes en grains et vins, et faire partie de ladite compagnie, il a consigné pour la prime sur cette somme, 160 livres, ainsi qu'il suit :

En argent comptant pour $\frac{1}{5}$ de sa prime, ci. . . . . 32 liv.

En quatre billets au porteur de 32 liv., l'un pour les $\frac{4}{5}$ restans payables le 15 brumaire, ensemble, ci. 128

160 liv.

Plus, qu'il a payé en argent comptant pour le droit du directeur, ci.   4   16

TOTAL général, ci. . . . . 164 liv. 16 s.

Et a signé.   A Toulouse, le

(No. 3.)

TABLEAU de la répartition de 19800 liv. entre 16 actionnaires grêlés, dont les pertes se sont portées ensemble à 29000 liv.

DÉSIGNATION DES ACTIONNAIRES GRÊLÉS.	SOMMES ASSURÉES.	MONTANT DE LEURS PRIMES.	QUANTITÉ proportionnelle des récoltes perdues.	VALEUR des récoltes partielles perdues.	MONTANT des indemnités partielles acquises.
PIERRE............	4798^l s d	239^l 18s d	totalité.	4798^l	3275^l 17s 6d $\frac{6}{29}$
JEAN.................	2666 13 4	133 6 7	15/16	2500	1706 17 11 $\frac{5}{29}$
ANDRÉ.............	2285 14 3	114 5 3	14/16	2000	1365 10 4 $\frac{4}{29}$
THOMAS...........	2707 13 9	135 7 7	13/16	2200	1502 1 4 $\frac{16}{29}$
GUILLAUME.......	2400	120	12/16	1800	1228 19 3 $\frac{11}{29}$
PHILIPPE...........	2909 1 8	145 9	11/16	2000	1365 10 4 $\frac{4}{29}$
JOSEPH.............	2880	144	10/16	1800	1228 19 3 $\frac{11}{29}$
SILVESTRE........	2844 8 6	142 5 4	9/16	1600	1092 8 3 $\frac{2}{29}$
IGNACE............	3800	190	8/16	1900	1297 4 9 $\frac{17}{29}$
PAUL................	4571 8 3	228 11 4	7/16	2000	1365 10 4 $\frac{4}{29}$
BERNARD..........	3733 6 4	186 13 2	6/16	1400	955 17 2 $\frac{16}{29}$
FRANÇOIS.........	5760	288	5/16	1800	1228 19 3 $\frac{11}{29}$
ETIENNE...........	4800	240	4/16	1200	819 6 2 $\frac{14}{29}$
MICHEL............	3200	160	3/16	600	409 13 1 $\frac{7}{29}$
SERNIN.............	5616	280 16	2/16	702	479 5 11 $\frac{5}{29}$
ANTOINE...........	11200	560	1/16	700	477 18 7 $\frac{13}{29}$
	66172^l 6s 1d	3308^l 12s 3d		29000^l	19800^l

192

www.ingramcontent.com/pod-product-compliance
Lightning Source LLC
Chambersburg PA
CBHW050528210326
41520CB00012B/2490